AF315519

CATALOGUE

DES

ESTAMPES & LIVRES

Dépendant de la

COLLECTION DE LAFAULOTTE

ET DONT LA VENTE AURA LIEU PAR SUITE DE DÉCÈS

HOTEL DROUOT, SALLE N° 8

Le Lundi 12 Avril 1886, à 1 heure 1/2.

Par le Ministère de Mᵉ PAUL CHEVALLIER.

COMMISSAIRE-PRISEUR

10, rue de la Grange-Batelière, 10.

Assisté de M. JULES BOUILLON.

MARCHAND D'ESTAMPES

SUCCESSEUR DE M. CLEMENT

5, rue des Saints-Pères, 5.

EXPOSITION : le Dimanche 11 Avril 1886

DE UNE HEURE A CINQ HEURES.

DÉSIGNATION

ESTAMPES

ANDROUET-DUCERCEAU (JACQUES)

1 — Vases, aiguières, urnes, cassolettes, ciboires. coupes. etc. Suite de soixante pièces. Très belles épreuves, plus trois copies et sept calques. En tout, 70 pièces.

2 — Vases, aiguières, etc., gravés au trait et imprimés à plusieurs sujets sur une même feuille. Douze pièces, superbes épreuves. Très rares.

3 — Fonds de coupe. Suite de huit pièces. Superbes épreuves, toutes marges.

4 — Tables, armoires, lits et meubles divers. Vingt-neuf pièces. Très belles épreuves.

5 — Les grandes arabesques. Trente-sept pièces et le calque du titre.

6 — Les petites arabesques. Suite de soixante pièces, plus les titres des éditions de 1550 et 1562, et vingt-quatre pièces doubles, copies et épreuves de divers tirages. En tout, 87 pièces.

CONDITIONS DE LA VENTE

Elle sera faite au comptant.

Les acquéreurs paieront en sus des enchères *cinq pour cent*, applicables aux frais.

L'exposition mettant le public à même de se rendre compte de l'état des objets, il ne sera admis aucune réclamation une fois l'adjudication prononcée.

Paris. — Imp. de l'Art. E. Ménard et J. Angry, 41, rue de la Victoire.

DÉSIGNATION

ESTAMPES

ANDROUET-DUCERCEAU (JACQUES)

1 — Vases, aiguières, urnes, cassolettes, ciboires, coupes, etc. Suite de soixante pièces. Très belles épreuves, plus trois copies et sept calques. En tout, 70 pièces.

2 — Vases, aiguières, etc., gravés au trait et imprimés à plusieurs sujets sur une même feuille. Douze pièces, superbes épreuves. Très rares.

3 — Fonds de coupe. Suite de huit pièces. Superbes épreuves, toutes marges.

4 — Tables, armoires, lits et meubles divers. Vingt-neuf pièces. Très belles épreuves.

5 — Les grandes arabesques. Trente-sept pièces et le calque du titre.

6 — Les petites arabesques. Suite de soixante pièces, plus les titres des éditions de 1550 et 1562, et vingt-quatre pièces doubles, copies et épreuves de divers tirages. En tout, 87 pièces.

7 — Pendeloques et bijoux divers. Treize pièces. Très belles épreuves. Rares.

8 — Ruines de monuments antiques. Orléans, 1550. Treize pièces dont un titre. Très belles épreuves.

CHARLET (NICOLAS-TOUSSAINT)

9 — Son œuvre, ainsi composé : notices sur Charlet.— Portraits de Charlet. — Portraits de personnages divers par Charlet. — Pièces imprimées chez Lasteyrie. — Pièces imprimées chez Delpech. — Pièces imprimées chez Motte. — Diverses suites de costumes militaires imprimés chez Lasteyrie, Delpech, Motte et Villain. — Pièces détachées, terminées avec ou sans texte, sortant de diverses imprimeries, pour la plupart de celle de Villain, 1821 à 1844. — Griffonnements, pièces diverses non terminées. 1817 à 1840. — Pièces faites avec le concours d'autres artistes. — Pièces tirées de divers recueils, ou faites dans un but spécial. — Pièces insérées dans divers journaux. — Vignettes pour romances de Béranger, 1823-1841.— Recueil des albums, fantaisies, croquis, etc., parus par suites depuis 1822 jusqu'en 1846. — Croquis à la manière noire, sujets philosophiques, populaires, moraux, politiques, critiques, civils, religieux et militaires. — Suite de dessins à la plume, eaux-fortes, pièces au vernis mou et sujets d'après Charlet, etc., etc.

Cet œuvre, un des plus beaux connus, provient de la vente du colonel de La Combe, faite en 1863, il est composé de 1382 pièces renfermées dans 24 portefeuilles. Les épreuves sont toutes de premier tirage et choisies avec le plus grand soin. Le colonel de La Combe, grand ami et admirateur de Charlet, rédigea d'après cette collection et publia, en 1856, le catalogue raisonné de l'œuvre, avec notice sur la vie de l'artiste et publication de ses lettres.

DEBUCOURT (P.-L.)

10 — Route de Naples, d'après Vernet. Très belle épreuve en couleur, marge.

11 — Les Aveugles, d'après Vernet. Très belle épreuve en couleur, marge.

12 — La Marchande de cerises. — La Marchande de saucisses. Deux pièces en couleur, d'après Vernet. Très belles épreuves, marges.

DECAMPS

13 — Bataille des Cimbres. Eau-forte pure. Cat. de l'œuvre de Decamps, n° 3.) Superbe épreuve. Très rare.

14 — Feuille de croquis. Eau-forte pure. (Cat. de l'œuvre de Decamps, n° 9.) Superbe épreuve. Très rare.

15 — Vieille Mendiante. Eau-forte mêlée de roulette. (Cat. de l'œuvre de Decamps, n° 10.) Superbe épreuve. Très rare.

16 — Singe feuilletant un gros livre. Paysage. Deux sujets à l'eau-forte sur une même feuille (14). Très belle épreuve. Rare.

DECAMPS

17 — **Village de Turquie.** Eau-forte (19). Très rare épreuve du premier état.

18 — **Les Deux Chiens.** Eau-forte relevée de roulette (20. Très rare épreuve du premier état, avant la publication dans l'*Artiste*.

FICQUET (ÉTIENNE)

19 — *Crébillon* (Joliot de), d'après Aved. Belle épreuve.

GÉRICAULT

20 — Caisson d'artillerie. (Cat. de l'œuvre de Géricault, n° 13). Très belle épreuve.

GREUZE (d'après)

21 — Le Silence, par Claude Donat-Jardinier. Belle épreuve.

GUERAIN (d'après)

22 — Le Trente-un, ou la maison de prêt sur nantissement, par Darcis. Très belle épreuve.

HENRIQUEL-DUPONT (M.)

23 — Henri IV, roi de Navarre, à l'âge de vingt ans. In-8° avant la lettre.

LALONDE

24 — Chambranles de cheminées. Xe cahier de l'œuvre, gravé par
Foin. Très belles épreuves.

TORO (J.-B.)

25 — Livre de tables de diverses formes... inventé par J.-B. Toro.
gravé par de Rochefort, cinq pièces.

26 — Vases et ornements divers. 8 pièces.

LIVRES

27 — *Album* de la Gazette des Beaux-Arts, cinquante gravures
d'après les maîtres anciens et modernes... Paris, 1867. in-fol.
en portefeuille.

28 — *Album* bijou par les principaux artistes de Paris, 1 vol.
in-4º demi-rel. contenant 50 lithographies.

29 — *Androuet-Ducerceau*. Le premier et le second volume des
plus excellens Bastiments de france, auquel sont désignez les
plans de quinze trente bastiments et de leur contenu.
ensemble les élévations et singularitez d'un chascun. A Paris.
pour ledit Jacques Androuet du Cerceau, 1576-1579. 2 vol.
in-fol. cartonnés.

30 — *Bourassé*. La Touraine ; histoire et monuments, publié sous la direction de M. l'abbé J.-J. Bourassé... Tours, 1855, 1 vol. in-fol., mar. vert, figures.

31 — *Catalogue* des objets d'art et de haute curiosité, antiques, du Moyen-Age et de la Renaissance, qui composent les collections de feu M. le comte de Pourtalès-Gorgier. 5 février 1865, 1 vol. in-8°, mar. rouge, dos et coins.

32 — *Catalogue* de vingt-trois tableaux des écoles flamande et hollandaise, provenant de la célèbre galerie de San Donato, 18 avril 1868, 1 vol. in-8° mar. brun, dos et coins.

33 — *Catalogue* des tableaux composant la galerie **Delessert**. Mars 1869, 1 vol. in-8° cart.

34 — *Catalogue* des collections de San Donato. Mars 1870, 1 vol. in-8°, demi-rel. mar. brun, avec photographies.

35 — *Catalogue* de tableaux de l'école moderne des collections de San Donato. Vente les lundi 21 et mardi 22 février 1870, 1 vol. grand in-8°, mar. brun, figures.

36 — *Catalogue* des objets d'art et de haute curiosité composant la célèbre collection du prince Soltykoff. Avril-mai 1881, 1 vol. in-8°, demi-rel. mar. brun, tranches dorées ; avec prix de vente.

37 — *Davillier*. Histoire des faïences hispano-mauresques à reflets métalliques. Paris, 1861, in-8°, mar. brun. — Histoire des faïences et porcelaines de Moustiers, Marseille et autres fabriques méridionales. Paris, 1863, 2 vol. in-8°.

38 — *Delange*. Recueil de toutes les pièces connues jusqu'à ce jour de la faïence française, dite faïence de Henri II et Diane de Poitiers, dessinées par Carle Delange. Paris, 1861, 16 pièces avec texte.

39 — *Double*. Promenade a travers deux siècles et quatorze salons, par Lucien Double. Paris, 1878. 1 vol. in-8 broché. figures.

40 — *Duchesne*. Essai sur les Nielles, gravures des orfèvres florentins du xv° siècle; par Duchesne ainé. 1 vol. in-8°. demi-rel. mar. brun, fig.

41 — *Fénelon*. Les Avantures de Telemaque, fils d'Ulysse, par feu Messire François de Salignac, de La Mothe Fenelon... Nou-velle édition conforme au manuscrit original et enrichie de figures en taille-douce. A Amsterdam et Rotterdam. 1734. 1 vol. in-4°, mar. rouge. Portrait gravé par Drevet.

42 — *Germain*. Éléments d'orfèvrerie divisés en deux parties de cinquante feuilles chacune, composez par Pierre Germain. Marchand orfèvre joaillier... A Paris, chez l'auteur. 1748. 1 vol. in-4° vélin.

43 — *Gorlæi*. Pomp. Gaurici Neapolitani de Sculptura Liber. Ludo demontiosii de veterum sculptura, cœlatura, Gemmarum Sculptura, et pictura libri duo. Abrahami Gorlæi Antverpiani Dactyliotheca. Omnia accuratius edita, 1609. 1 vol. in-4°. veau, fig.

44 — *Guide* de l'amateur de faïences et porcelaines, par M. Auguste

Demmin. 1861. — Explication des tableaux, dessins, aquarelles et gravures des œuvres de Paul Delaroche, exposés au palais des Beaux-Arts. 1857, in-8°. 2 vol.

45 — *Jacquemart et Le Blant*. Histoire artistique, industrielle et commerciale de la porcelaine..... par Albert Jacquemart et Edmond Le Blant, enrichie de vingt-six planches gravées à l'eau-forte par Jules Jacquemart. Paris, Techener. 1862, deux parties reliées en 2 vol. in-fol., demi-mar. brun.

46 — *Lièvre* Édouard . Bijoux, orfèvrerie, armes, bronzes choisis dans les collections célèbres. in-fol. en portefeuille.

47 — *Médailles* sur les principaux événements du règne de Louis-le-Grand. avec des explications historiques par l'Académie royale des médailles et des inscriptions. A Paris, de l'Imprimerie Royale. 1702. 1 vol. in-fol., mar. rouge, aux armes du Roi.

48 — *Petit* Victor . Châteaux de la vallée de la Loire, des xv°, xvi° et xvii° siècles. dessinés d'après nature et lithographiés par Victor Petit...Paris. Boivin. 1861. 2 tomes en 1 vol. in-fol., maroquin rouge.

49 — *Recueil* de modes de 1840 et 1841. cent planches en 1 vol. in-8° cartonné.

50 — *Recueil* des figures. groupes. thermes, fontaines, vases et autres ornements... Paris, Simon Thomassin, 1694, 1 vol. in-8°, veau.

51 — VERNET (H.). *Suite de 115 dessins originaux. Costumes d'hommes et de femmes exécutés à la plume et lavis d'aquarelle, ayant été gravés et publiés dans la suite de La Mésangère, années 1808 à 1811, reliés en 2 vol. grand in-4 oblongs, cartonnés.*

52 — Sous ce numéro, il sera vendu par lots, un grand nombre de lithographies par Charlet, Raffet, Géricault, et gravures anciennes des *diverses écoles.*

12 avril 1886

CATALOGUE

DES

ESTAMPES & LIVRES

Dépendant de la

COLLECTION DE LAFAULOTTE

ET DONT LA VENTE AURA LIEU PAR SUITE DE DÉCÈS

HOTEL DROUOT, SALLE N° 8

Le Lundi 12 Avril 1886, à 1 heure 1/2.

Par le Ministère de M⸰ PAUL CHEVALLIER,

COMMISSAIRE-PRISEUR

10, rue de la Grange-Batelière, 10.

Assisté de M. JULES BOUILLON,

MARCHAND D'ESTAMPES

SUCCESSEUR DE M. CLEMENT

5, rue des Saints-Pères, 5.

EXPOSITION : le Dimanche 11 Avril 1886

DE UNE HEURE A CINQ HEURES.

CONDITIONS DE LA VENTE

Elle sera faite au comptant.

Les acquéreurs paieront en sus des enchères *cinq pour cent*, applicables aux frais.

L'exposition mettant le public à même de se rendre compte de l'état des objets, il ne sera admis aucune réclamation une fois l'adjudication prononcée.

Paris. — Imp. de l'Art. E. Ménard et J. Augry. 11. rue de la Victoire.

DÉSIGNATION

ESTAMPES

ANDROUET-DUCERCEAU (JACQUES)

1 — Vases, aiguières, urnes, cassolettes, ciboires, coupes, etc. Suite
de soixante pièces. Très belles épreuves, plus trois copies et
sept calques. En tout, 70 pièces.

2 — Vases, aiguières, etc., gravés au trait et imprimés à plusieurs
sujets sur une même feuille. Douze pièces, superbes épreuves.
Très rares.

3 — Fonds de coupe. Suite de huit pièces. Superbes épreuves,
toutes marges.

4 — Tables, armoires, lits et meubles divers. Vingt-neuf pièces.
Très belles épreuves.

5 — Les grandes arabesques. Trente-sept pièces et le calque du
titre.

6 — Les petites arabesques. Suite de soixante pièces, plus les
titres des éditions de 1550 et 1562, et vingt-quatre pièces doubles, copies et épreuves de divers tirages. En tout, 87 pièces.

7 — Pendeloques et bijoux divers. Treize pièces. Très belles
épreuves. Rares.

8 — Ruines de monuments antiques. Orléans, 1550. Treize
pièces dont un titre. Très belles épreuves.

CHARLET (NICOLAS-TOUSSAINT)

9 — Son œuvre, ainsi composé : notices sur Charlet. — Portraits
de Charlet. — Portraits de personnages divers par Charlet. —
Pièces imprimées chez Lasteyrie. — Pièces imprimées chez
Delpech. — Pièces imprimées chez Motte. — Diverses suites de
costumes militaires imprimés chez Lasteyrie, Delpech, Motte et
Villain. — Pièces détachées, terminées avec ou sans texte, sortant de diverses imprimeries, pour la plupart de celle de Villain,
1821 à 1844. — Griffonnements, pièces diverses non terminées.
1817 à 1840. — Pièces faites avec le concours d'autres artistes.
— Pièces tirées de divers recueils, ou faites dans un but spécial. — Pièces insérées dans divers journaux. — Vignettes
pour romances de Béranger, 1823-1841. — Recueil des albums,
fantaisies, croquis, etc., parus par suites depuis 1822 jusqu'en
1845. — Croquis à la manière noire, sujets philosophiques,
populaires, moraux, politiques, critiques, civils, religieux et
militaires. — Suite de dessins à la plume, eaux-fortes, pièces
au vernis mou et sujets d'après Charlet, etc., etc.

Cet œuvre, un des plus beaux connus, provient de la vente
du colonel de La Combe, faite en 1863, il est composé de
1382 pièces renfermées dans 24 portefeuilles. Les épreuves
sont toutes de premier tirage et choisies avec le plus grand
soin. Le colonel de La Combe, grand ami et admirateur

de Charlet, rédigea d'après cette collection et publia, en 1856, le catalogue raisonné de l'œuvre, avec notice sur la vie de l'artiste et publication de ses lettres.

DEBUCOURT (P.-L.)

10 — Route de Naples, d'après Vernet. Très belle épreuve en couleur, marge.

11 — Les Aveugles, d'après Vernet. Très belle épreuve en couleur. marge.

12 — La Marchande de cerises. — La Marchande de saucisses. Deux pièces en couleur, d'après Vernet. Très belles épreuves, marges.

DECAMPS

13 — Bataille des Cimbres. Eau-forte pure. Cat. de l'œuvre de Decamps, n° 3.) Superbe épreuve. Très rare.

14 — Feuille de croquis. Eau-forte pure. (Cat. de l'œuvre de Decamps, n° 9.) Superbe épreuve. Très rare.

15 — Vieille Mendiante. Eau-forte mêlée de roulette. (Cat. de l'œuvre de Decamps, n° 10.) Superbe épreuve. Très rare.

16 — Singe feuilletant un gros livre. Paysage. Deux sujets à l'eau-forte sur une même feuille (14). Très belle épreuve. Rare.

DECAMPS

17 — Village de Turquie. Eau-forte (19). Très rare épreuve du premier état.

18 — Les Deux Chiens. Eau-forte relevée de roulette (20). Très rare épreuve du premier état, avant la publication dans l'*Artiste*.

FICQUET (ÉTIENNE)

19 — *Crébillon* (Joliot de), d'après Aved. Belle épreuve.

GÉRICAULT

20 — Caisson d'artillerie. (Cat. de l'œuvre de Géricault, nᵒ 13). Très belle épreuve.

GREUZE (d'après)

21 — Le Silence, par Claude Donat-Jardinier. Belle épreuve.

GUERAIN (d'après)

22 — Le Trente-un, ou la maison de prêt sur nantissement, par Darcis. Très belle épreuve.

HENRIQUEL-DUPONT (M.)

23 — Henri IV, roi de Navarre, à l'âge de vingt ans. In-8ᵒ avant la lettre.

LALONDE

24 — Chambranles de cheminées. X° cahier de l'œuvre, gravé par
Foin. Très belles épreuves.

TORO (J.-B.)

25 — Livre de tables de diverses formes... inventé par J.-B. Toro.
gravé par de Rochefort, cinq pièces.

26 — Vases et ornements divers. 8 pièces.

LIVRES

27 — *Album* de la Gazette des Beaux-Arts, cinquante gravures
d'après les maitres anciens et modernes... Paris, 1867. in-fol.
en portefeuille.

28 — *Album* bijou par les principaux artistes de Paris, 1 vol.
in-4° demi-rel. contenant 50 lithographies.

29 — *Androuet-Ducerceau.* Le premier et le second volume des
plus excellens Bastiments de france. auquel sont désignez les
plans de quinze trente bastiments et de leur contenu.
ensemble les élévations et singularitez d'un chascun. A Paris.
pour ledit Jacques Androuet du Cerceau. 1576-1579. 2 vol.
in-fol. cartonnés.

3o — *Bourassé*. La Touraine; histoire et monuments, publié sous
la direction de M. l'abbé J.-J. Bourassé... Tours, 1855, 1 vol.
in-fol., mar. vert, figures.

31 — *Catalogue* des objets d'art et de haute curiosité, antiques, du
Moyen-Age et de la Renaissance, qui composent les collections de feu M. le comte de Pourtalès-Gorgier. 5 février 1865.
1 vol. in-8°, mar. rouge, dos et coins.

32 — *Catalogue* de vingt-trois tableaux des écoles flamande et
hollandaise, provenant de la célèbre galerie de San Donato.
18 avril 1868. 1 vol. in-8°, mar. brun, dos et coins.

33 — *Catalogue* des tableaux composant la galerie Delessert.
Mars 1869. 1 vol. in-8° cart.

34 — *Catalogue* des collections de San Donato. Mars 1870, 1 vol.
in-8°, demi-rel. mar. brun, avec photographies.

35 — *Catalogue* de tableaux de l'école moderne des collections de
San Donato. Vente les lundi 21 et mardi 22 février 1870,
1 vol. grand in-8°, mar. brun, figures.

36 — *Catalogue* des objets d'art et de haute curiosité composant
la célèbre collection du prince Soltykoff. Avril-mai 1881,
1 vol. in-8°, demi-rel. mar. brun, tranches dorées; avec prix
de vente.

37 — *Davillier*. Histoire des faïences hispano-mauresques à
reflets métalliques. Paris, 1861, in-8°, mar. brun. — Histoire
des faïences et porcelaines de Moustiers, Marseille et autres
fabriques méridionales. Paris, 1863, 2 vol. in-8°.

38 — *Delange*. Recueil de toutes les pièces connues jusqu'à ce jour de la faïence française, dite faïence de Henri II et Diane de Poitiers, dessinées par Carle Delange. Paris, 1861, 16 pièces avec texte.

39 — *Double*. Promenade à travers deux siècles et quatorze salons, par Lucien Double. Paris, 1878, 1 vol. in-8° broché, figures.

40 — *Duchesne*. Essai sur les Nielles, gravures des orfèvres florentins du xv° siècle; par Duchesne aîné. 1 vol. in-8°. demi-rel. mar. brun, fig.

41 — *Fénelon*. Les Avantures de Telemaque, fils d'Ulysse, par feu Messire François de Salignac, de La Mothe Fenelon... Nouvelle édition conforme au manuscrit original et enrichie de figures en taille-douce. A Amsterdam et Rotterdam. 1734. 1 vol. in-4°. mar. rouge. Portrait gravé par Drevet.

42 — *Germain*. Eléments d'orfèvrerie divisés en deux parties de cinquante feuilles chacune, composez par Pierre Germain, Marchand orfèvre joaillier... A Paris, chez l'auteur. 1748. 1 vol. in-4° vélin.

43 — *Gorlæi*. Pomp. Gaurici Neapolitani de Sculptura Liber. Ludo demontiosii de veterum sculptura, cælatura, Gemmarum Scalptura, et pictura libri duo. Abrahami Gorlæi Antverpiani Dactyliotheca. Omnia accuratius edita, 1609. 1 vol. in-4°. veau, fig.

44 — *Guide* de l'amateur de faïences et porcelaines, par M. Auguste

Demmin. 1861. — Explication des tableaux, dessins, aquarelles et gravures des œuvres de Paul Delaroche, exposés au
palais des Beaux-Arts. 1857, in-8°. 2 vol.

45 — *Jacquemart et Le Blant*. Histoire artistique, industrielle et
commerciale de la porcelaine..... par Albert Jacquemart et
Edmond Le Blant, enrichie de vingt-six planches gravées à
l'eau-forte par Jules Jacquemart. Paris, Techener, 1862, deux
parties reliées en 2 vol. in-fol., demi-mar. brun.

46 — *Lièvre* (Edouard). Bijoux, orfèvrerie, armes, bronzes choisis
dans les collections célèbres. in-fol. en portefeuille.

47 — *Médailles* sur les principaux événements du règne de Louis-
le-Grand, avec des explications historiques par l'Académie
royale des médailles et des inscriptions. A Paris, de l'Imprimerie Royale. 1702, 1 vol. in-fol., mar. rouge, aux armes
du Roi.

48 — *Petit* (Victor). Châteaux de la vallée de la Loire, des xvᵉ,
xvᵉ et xvııᵉ siècles, dessinés d'après nature et lithographiés
par Victor Petit... Paris. Boivin. 1861, 2 tomes en 1 vol. in-fol.,
maroquin rouge.

49 — *Recueil* de modes de 1840 et 1841, cent planches en 1 vol.
in-8° cartonné.

50 — *Recueil* des figures, groupes, thermes, fontaines, vases et
autres ornements... Paris. Simon Thomassin. 1694. 1 vol.
in-8°, veau.

51 — VERNET (H.). *Suite de 115 dessins originaux Costumes d'hommes et de femmes exécutés à la plume et lavis d'aquarelle, ayant été gravés et publiés dans la suite de La Mésangère, années 1808 à 1811, reliés en 2 vol. grand in-4 oblongs,* cartonnés.

52 — Sous ce numéro, il sera vendu par lots, un grand nombre de lithographies par Charlet, Raffet, Géricault, et gravures anciennes des *diverses écoles*.

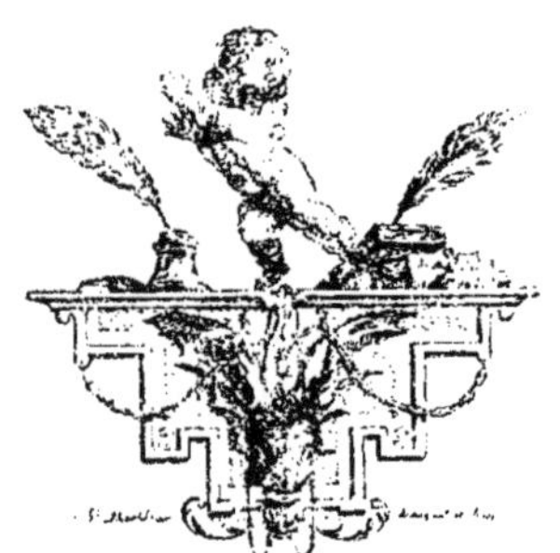